Disney

ミッキーマウス

毎日がときめく 100の言葉

Mickey Mouse 100 words to make everyday flutter

ウォルト・ディズニー・ジャパン

宝島社

『蒸気船ウィリー』(1928)

ミッキーのスクリーンデビュー作品。ミッキーの上手な口笛から物語が始まります。

『ミッキーの大演奏会』(1935)

公園で開かれたミッキーのコンサートがドナルドと嵐のせいでめちゃくちゃ！

『ミッキーの夢物語』(1936)

とある夜、ミッキーが鏡の向こう側へ——摩訶不思議な鏡の世界の夢を見ます。

『ミッキーの大時計』(1937)

街にそびえたつ時計台で、ミッキー、ドナルド、グーフィーが繰り広げるドタバタ劇！

『ミッキーのお化け退治』(1937)

幽霊退治はわが社にお任せ！ ミッキーたちがいたずら好きのお化けに悪戦苦闘します。

『ミッキーとあざらし』(1948)

動物園のあざらしを偶然連れ帰ってしまったミッキー。それに気づいたプルートは……。

目次

第1章
前向きになれる言葉

ミッキーは
「何でもうまく進んでいく」という
楽観的な考えの持ち主。
そのまっすぐな言葉に
元気をもらえるはずです。

Mickey's word

1

大丈夫。
何か浮かぶよ、
そのうちに。

『ミッキーのクリスマスの贈りもの』（1999）

今日は楽しいクリスマス・イブ。ミッキーはミニーのために、ミニーもミッキーのために、プレゼントを買おうと考えています。しかし仕事に精を出しても、お金が足りません。タイムリミットが近づき、ミッキーはプルートに相談しますが、プルートもお手上げ。困難な状況の中、ミッキーがプルートにかけた言葉がこちら。まるで、自分に言い聞かせるかのように。

そして、気持ちを前向きにするために軽やかにハーモニカを奏でます。何かつらいことがあると、気分が沈んでしまうものですが、それで状況が変わるわけではありません。なんとかなるさと、歌でも歌う余裕が欲しいところです。

Mickey's word

2

元気出して。
〝仲間の挨拶〟をしよう。

『ミッキーの王子と少年』（1990）

とある王国でのお話。人々は幸せに暮らしていましたが、王様が病に倒れると状況は一変。強欲な近衛隊長が実権を握ってやりたい放題、人々の暮らしは苦しくなるばかりです。

雪が降りしきる厳しい寒さの中、空腹に耐えながら薪売りに励むミッキー。プルートも腹ペコです。傍らで商いをするグーフィーも売り上げはさっぱりで、ため息が出るばかり。そんなグーフィーにかけた言葉で、ハイタッチから明るく元気に踊りだす２人。

仲間思いで、落ち込んだ時や元気が出ない時も「楽しくなれる方法」を知っているミッキー。いつか、王様みたいなごちそうが食べられる、と夢のような暮らしに希望を見出します。

そう、願うことは、叶(かな)うこと。

Mickey's word

3

努力で直せないものは
ひとつもない。

『ミッキーマウスのワンダフル・オータム』（2022）

実りの秋がやってきました。ノリノリで車を走らすミッキー&フレンズ。向かうのはパンプキン・リッジ。ミッキーは遠い親戚から家と土地を相続することになったのです。

ところが立ち寄った町の収穫祭で、ミッキーたちは意外な真実に直面します。実はご先祖様、「史上最悪の農場主」として悪名高い、町一番の嫌われ者だったのです。現実を受け入れることのできないミッキーは、浮かない面持ちで相続された家へと向かいます。そこで目にしたのは荒廃した農園とボロボロの家。大きく傾いた家を見て、苦笑いしながら発した一言です。

最悪の状況でも不安を取り払おうとするミッキーが健気です。悲観するミッキーを励ます仲間たちは、町一番のカボチャを育てようと一念発起します。

Mickey's word

4

奇跡が少し残ってたよ。

『ミッキーマウスのワンダフル・オータム』（2022）

ミッキーがご先祖様から相続したのは荒れ果てたカボチャ農園。町の嫌われ者となっているご先祖様の名誉挽回のため、ミッキーたちは町で一番大きなカボチャを作ろうとトライします。そこでドナルドが取り出したのは鮮やかなグリーンの液体「ミラクル・グロース」。どんなものもよく育つ薬です。しかし、使いすぎから巨大化し暴走するカボチャに町は大騒ぎ！　このままではミッキーは呪われた家系のまま……。

カボチャモンスターに対抗するためには、自ら大きくなるしかない！　樽(たる)にわずかに残った「ミラクル・グロース」を見つけて、不敵な笑みを浮かべながらつぶやいた一言。絶体絶命のピンチにも希望の灯(ともしび)を見出すミッキーの、自らを鼓舞する呪文のようなささやきです。

Mickey's word

5

今日は僕の人生最高の日だ。

『ミッキーマウスのワンダフル・ウィンター』（2022）

神秘の力と自然がひとつになる、魔法に満ちた冬がやってきました。舞台は美しい雪の結晶が生まれる雲の中。結晶を作り出す天気職人に憧れる、モップ係のミッキー。ある日「ちょっとだけなら……」と、勝手に結晶を作ろうとしたところから物語が始まります。

世にも美しい巨大な雪の結晶が誕生したものの、このままでは地上に激突！　大格闘の末、自慢のモップで粉砕し事なきを得ます。すると地上では史上最高の雪景色が。晴れてボスから憧れの天気職人に認命されたミッキーが、喜びのあまり発した言葉です。

夢を抱きながら仕事に励んでいたミッキー。地道な努力がすばらしい幸運をもたらしたのかもしれません。

Mickey's word

6

お互いがいるじゃないか。

『ミッキーマウスのワンダフル・ウィンター』（2022）

喜びにあふれる美しい冬の季節が訪れています。しかし大いなる自然の力によって、時に別の厳しい姿を見せます。

楽しい冬の週末を迎え、スノーリゾートへのドライブに浮かれるミッキー、ドナルド、グーフィー。スキーにスノーボード、癒やしの温泉と、期待も高まります。

意気揚々と山小屋に到着。しかしそこは古臭く、どこか不穏な雰囲気が漂い――すると、瞬く間に山小屋が雪に覆われて閉じ込められてしまった3人。パニックを起こすドナルドとグーフィーを落ち着かせようと、ミッキーが2人にかけた言葉です。

困難な状況にあるのは自分だけではないと、緊急事態にもかかわらず笑顔でその場を和ませます。次々と襲いかかる大自然の脅威にも、信頼できる仲間がいれば乗り越えられる⁉

Mickey's word

7

また船を組み立てよう、
ハハッ。

『ミッキーの造船技師』（1938）

子どもでも簡単に組み立てられて、立派な船ができあがるボートキット。ミッキー、ドナルド、グーフィーはさっそく制作に取りかかります。いつものドタバタを繰り広げながらなんとか船は完成。

ミッキー船長の号令で、進水式のスタートです。船の命名を宣言するとともに、シャンパンを船体に叩（たた）きつけるのが進水式のセオリー。ミニーが声も高らかに「クイーン・ミニー」と命名し出発します。

しかし途端に船はバラバラ！　すかさず発したミッキーの言葉です。

この最悪の状況でなんというポジティブさ。

ちなみに進水式のシャンパンですが、瓶が割れないとその船は不吉とされます。そういえばミニー、１回で割れずに２回瓶を船首に叩きつけていたような……。

8

無理だと思うことに
挑戦してみるのって
楽しいと思わない？

『ミッキーマウスのワンダフルワールド　第6話「ビッグ・グッド・ウルフ」』（2020）

大暴れして悪の限りを尽くすビッグ・バッド・ウルフに対し、毅然（きぜん）とした態度で叱りつけるミッキー。悪いオオカミをやめるつもりなどないビッグ・バッド・ウルフに対し、厳しくも優しく諭すミッキーがかけた言葉です。

困難なチャレンジを楽しいと表現する、ミッキーのポジティブな思考に感心させられます。続けて「街のみんなによいことをすれば、ビッグ・〝グッド〟・ウルフになれる」と口説いたのです。一筋縄ではいかない相手に対し、正論をもってたしなめるより、はるかに得策かもしれません。

ミッキーに従い、街のみんなへの親切を行うことになったビッグ・バッド・ウルフなのですが……。

Mickey's word

9

僕は自分の道を進むよ。

『ミッキーマウスのワンダフルワールド　第17話「ミッキーとミニーの宝探し」』（2020）

さまざまな困難を乗り越え、ついに宝物を手に入れた海賊船の面々。ひとり占めしようとする強欲なピート船長ですが、虐げられていた船員たちの反乱により、排除されてしまいました。船上で固い握手を交わすミッキーとミニー。新たに船長となったミニーは、お宝を山分けすることを宣言します。平穏で豊かな日々が訪れると誰もが考えたその矢先、ミッキーは単独での航海に出ることを決意します。

引き留めるミニーに対し、真の冒険家である自らの好奇心を満たそうとするミッキー。現状に満足するのでなく、常に挑戦者であろうとする気高い心意気。熱い想いは、もはや誰も止めることができません。活気を失った世の中に、希望を与える言葉です。

10

僕は体が小さいけど
友達の力を借りたら
3メートルにだってなれるんだ。

『ミッキー、ドナルド、グーフィーの三銃士』（2004）

王座を奪いたい近衛隊長のピートは、何も知らずにオペラ座にやってきたミニー姫を捕らえます。そして、劇場を埋め尽くす国民を前に、自らが新たな王様であることを宣言。

絶体絶命のミニー姫を助け出そうと、颯爽（さっそう）と登場したのはあの三銃士でした。弱虫なドナルド、マヌケなグーフィー、小さな体のミッキーが、舞台上でピートと死闘を繰り広げます。健闘もむなしく万事休す。もはやここまでかと誰もがあきらめかけたその時――。

１人の力は小さくても、３人が力を合わせれば思いもかけない威力を発揮するのです。正義が勝った瞬間がやってきました。助け合い、力を合わせるからこそ、みんなで成長していけるのです。

11

初めてのクリスマスを
楽しんでもらうために
やることリストを作ったんだ。

『ドナルド劇場：ミッキーマウス！ クリスマス・スペシャル』（2016）

もうすぐ楽しいクリスマスですが、アヒルにとって寒さは禁物。暖かい南へ行かなければなりません。でもドナルドの願いは一度でいいからクリスマスを祝うこと。デイジーの制止も聞かず、舞い戻ることを決意します。

初めてドナルドとクリスマスを過ごすミッキーたちも、ボルテージは最高潮に！　楽しいことを全部やりたい、と鼻息も荒いドナルドにミッキーが用意したのが「やることリスト」です。

イベントをとことん盛り上げようとする、ミッキーの力の入れように、こちらもワクワクしてきます。クリスマスで大事なことは、どこで過ごすかではなく、どう過ごすか。大切な人と喜びを分かち合う、それが本当のクリスマス！

Mickey's word

12

コオロギの歌に耳をすませば
それだけで幸せ。
世界はすばらしい。

『ミッキーの魚釣り』（1953）

ある晴れた日、プルートを連れて海辺へ魚釣りに向かいます。大切なパートナーと一緒なら、些細（ささい）なことでもワクワクとハッピーな気分。ミッキーの陽気な口笛も高らかに鳴り響きます。

海辺でくつろぐミッキーの傍ら、プルートは砂浜で見つけた貝と格闘です。なんとか決着したと思ったら、今度はミッキーの魚釣りのエサを狙うカモメと大乱闘！

いいことがあれば悪いこともある、人生はそんなもの。あれこれ難しく考えず、自然の音に耳を傾けて楽しい歌を口ずさめば、それだけで幸せな気分になれるというものです。

ただ一緒に、のんびりしよう。

Mickey's word

13

きっとうまくいく。

『ミッキーのクリスマスをすくえ』（2022）

クリスマス・イブの夜も更ける中、訳あって子どもたちへのプレゼント作りを余儀なくされたミッキーたち。なんとかプレゼントは用意できたものの、肝心のサンタは不在のまま。もはや一刻の猶予も許されません。そこで、自分たちでプレゼントを届けることに。

あるのは、昔サンタが使って役目を終えた古いソリのみ。ミッキーはまだ幼いトナカイのジングルとジョリーにソリを引かせることにします。でもこの2匹には、文字通り荷が重い？　なんとも頼りなさそうですが、ミッキーはみんなを安心させるように言いました。

トラブル続きで不安が隠せない一同に、希望をつなぐ前向きな言葉。逆境にある時こそ、鼓舞する言葉の力を。

Mickey's word

14

うつむかず上を向けば
笑顔でいられるよ。

『ミッキーマウス！　シーズン1：第18話「すてきなカップル」』（2014）

人もうらやむベストカップルのミッキー&ミニー。愛を惜しげもなく与え合う2人です。対して不穏な空気が流れるカップルはドナルド&デイジー。お互いにイライラが募り険悪なムードが漂います。最悪な気分の2人を助けようとするミッキーに、ミニーはともに歌うことを提案します。まずはドナルドとデイジーの手をつながせて、サイクリングに誘い出します。軽快に自転車を走らせながら、ドナルドとデイジーを助けるために、ミッキーが歌ったフレーズです。

背中を丸めてうつむいていては、自ずと気分が沈むもの。上を向いて歩いていけば、涙がこぼれることもありません。雨上がりに太陽が照らせば、虹がかかるでしょう。

15

これで2人とも仲間だよ！
治るまで一緒に頑張ろう。

『ミッキーマウス！ シーズン3：第1話「ありがた迷惑」』（2015）

ミッキーの一日は陽気な歌声とともに始まります。今朝も高らかに歌いながらドアを開けると、プルートの姿が目に飛び込んできました。傷を負ってうなだれている、かわいそうなプルート。首のエリザベスカラーが哀れみを誘います。

そんなプルートを励まそうとミッキーは一肌脱ぐことに。自らの首にもエリザベスカラーを装着したミッキーは、プルートに優しく語りかけたのでした。

困っている人を決して見捨てず、ともに乗り越えようと相手に寄り添う気持ちを持つミッキー。痛みを知って励まそうとするその心には感心させられるばかりです。こうした行いを、自然にできるようになれたら、自分も周りもポジティブに生きられそうです。

Mickey's word

16

いいことをすると
いいことがあるね。

『ミッキーマウス！ シーズン3：第9話「ノーと言えない」』（2016）

ミッキーのもとに、たくさんの仲間がさまざまなものを借りに押し寄せます。ミッキーが「ノー」と言えないのをいいことに、やりたい放題。

ドナルドのスパルタ教育で「ノー」と言えるようになったミッキーですが、それ以来何があっても口をついて出るのは「ノー、ノー、ノー！」。想いとは裏腹に「ノー」しか言えなくなってしまったミッキーは激しく嘆き悲しみます。

すると、あれよあれよという間に貸していたものが返ってくるではありませんか。それも貸した時よりも価値を増して！　頼まれごとがあると嫌と言えないお人好しのミッキー。よい行いをしていれば、いつか必ず自分のもとへ返ってくるものです。

17

強い気持ちを持つんだ。
相手がずるをしても、
それさえあれば
絶対負けるはずない！

『ミッキーマウス！　シーズン4：第3話「負けない気持ち」』（2017）

広場でアメリカンフットボールに興じるミッキー&フレンズ。そこへピートたちが仲間に入れろとやってきます。大勢でプレーするほうが楽しいからと、快く了承するミッキーですが……。

ひとクセもふたクセもあるならず者たちからなるチーム・ピートはラフプレーも何のその。対するチーム・ミッキーはコテンパンにやられてしまいます。降参しようと提案するグーフィーですが、ミッキーはチームに檄(げき)を飛ばすのでした。

どんな逆境に置かれても、そこに一筋の希望を見出そうとするポジティブなミッキー。プレーに必要なのは情熱だと、チームの雰囲気を一変させることに成功します。

さあ、試合再開です。ミッキーたちの奇策は、はたして吉と出るか凶と出るか？

Mickey's word

18

きっと新しい世界が
僕たちのことを
待っているんだ。

『ミッキーマウス！　シーズン4：第15話「僕は君」』（2018）

颯爽と道を行くミッキー、ドナルド、グーフィー。行き交う者が口々にミッキーに声をかけます。これも日頃の行いがあってこそ。充実した生活を送っているミッキーをうらやむグーフィーとドナルド。話をしながら歩いていると……、３人の心と体は入れ替わっているじゃありませんか。混乱する２人に対して、諭すように語りかけるミッキーです。

突然の状況変化に困惑するよりも、楽しんでやろうとする根っからのポジティブ思考がミッキーらしい。お互いにうらやんでいた生活が味わえると、皆大喜びです。

期待が膨らむ３人の入れ替わり生活は、それぞれどうなっていくのでしょうか。

Mickey's word

19

落ちているコインを拾えば、
その日一日幸運が続くぞ！

『ミッキーマウス！　シーズン４：第17話「幸運のお守り」』（２０１８）

鏡の前で「ミッキーマウス、君は何て幸運なんだ」と唱えるミッキー。しかし、ひょんなハプニングでその鏡を割ってしまいます。それからというものミッキーに降りかかる災難は後を絶ちません。「鏡を割ると7年呪われる」という言い伝えがあるから。

身も心もボロボロになったミッキーは、幸運のお守りを探し始めます。四つ葉のクローバー、馬の蹄鉄（ていてつ）、てんとう虫……。どれも幸運の象徴ですが、手に入れることができません。あきらめかけていたその時、ついにミッキーは車道に光り輝くものを見つけました！　所変われば品変わる。世界各地には、その土地ならではの幸運の象徴があるものです。

コインを拾ったミッキーに、幸運が訪れます。でも、コインの幸運が続くのは一日限りですよ。

Mickey's word

20

ヒーローはいつでも
なんとかするんだ。

『ミッキーマウス！　シーズン4：第19話「アクション！」』（2018）

ここは映画の撮影所。スタジオは今まさに撮影の真っ最中です。迫真の演技が続く中、突如カメラの前に現れたのは撮影クルーの下働きであるミッキー。撮影は台無しです。監督からこっぴどく叱られたミッキーは、おとなしく見届けようとするのですが……。

またしても自らの不注意で、撮影所全体にトラブルを巻き起こすミッキー。絶体絶命のピンチにフラフラと崩れ落ちるミニーを抱きかかえ、不敵な笑みを浮かべながら自信満々に発した言葉です。

どんな逆境にあっても、あきらめずに希望を見出すのがミッキー。ビッグマウスで終わらせないところが、ミッキーが真のヒーローたる証です。自らを鼓舞するのは、こんな強い言葉。

Mickey's word

21

そうだ、もうひとつ何かしない？
完璧な一日の仕上げだよ。

『ミッキーマウスのワンダフルワールド　第9話「最高のバーベキュー」』（2020）

すばらしい青空の下、気心知れた仲間と楽しく過ごします。遊びを満喫したミッキーですが、楽しい今日という日をまだまだ終わらせたくはない、と発した言葉です。

充実の一日を最後まで盛り上げようと、ミッキーの明るく日々を楽しむ気持ちが伝わってきます。楽しいことに妥協せず、仲間と全力で取り組んだら、忘れられない思い出になるでしょう。

さて、最高の一日を締めくくるためのイベントはバーベキューに決定！　さっそくみんなでスーパーマーケットへ買い出しに。もちろんここでも全力で買い物をするミッキーご一行。ところが全力すぎて、店内はもうめちゃくちゃ。完璧な今日を満喫することはできるのでしょうか。

Mickey's word

22

そのイライラを喜びに変えましょう。

『ミッキーマウスのワンダフルワールド　第19話「魔女の願い」』（２０２０）

太陽が昇ると、笑顔の一日が始まりです。完璧な一日を過ごす秘訣は、みんなの夢を叶えるお手伝いをすること。歌声も軽やかに、人々を笑顔にしていくミッキーです。

かたや街はずれの古城の中ではへそ曲がりな魔女が、毒リンゴ作りに精を出します。悪事を働こうと道を急ぐ魔女ですが、赤信号に行く手を阻まれてイライラも最高潮に。そこへ通りかかったミッキーが、すかさず魔女にかけた言葉です。

ミッキーの親切に、ひどい仕打ちで返す魔女。それでも不幸せな顔を笑顔に変えるために、めげずに得意の歌を披露するミッキー。ストレスにはまず深呼吸を。イライラしても、何も得することなどないのですから。笑顔が笑顔を呼ぶのです。

Mickey's word

23

気持ちを伝えるのに、何も飾る必要なんてないね。

『ミッキーマウスのワンダフルワールド　第8話「特別な普通」』（2020）

ミッキーとミニーは普段通りのデートを装っていますが、お互いに特別なデートにするべく数々の仕込みをしています。ところが何をやってもうまくいきません。焦った2人は起死回生するべく一発逆転を狙いますが……。

ミッキーとミニー、それぞれの計画はまたも失敗に終わり、めちゃくちゃになったレストランから逃げ出します。相手を大切に思う気持ちを伝えたい一心で、ごく普通のデートを最高にしたかっただけなのに――。やっと大事なことに気付いたミッキーです。

飾りも仕掛けも必要じゃない、大切なのは2人でいること。ただ一緒にいるだけで素敵なこと、見栄を張ったり体面を気にしたりするのは余計なことでした。

シンプルな思いに勝る表現はないってこと！

第2章
優しくなれる言葉

ミッキーは周りの人や物事に対して
真心を持って向き合います。
そんな姿に自然と思いやりの心が生まれます。

Mickey's word

24

みんなは1人のために。
1人はみんなのために。

『ミッキー、ドナルド、グーフィーの三銃士』(2004)

舞台は昔のフランス。ミッキーは勇敢な〝三銃士〟に憧れ、「近衛銃士になりたい」と夢見ています。とはいえ、体が小さいことをコンプレックスに感じていて、仲間は弱虫のドナルド、のんびり屋のグーフィー。

ヒーローらしからぬ3人ですがある日、ミニー姫を警護する銃士に大抜擢。近衛隊長ピートが王位を奪うため、ミニー姫誘拐を企んでいるのです……。

3人は何度もくじけそうになりますが、この合言葉を口にして、「自分は非力でも仲間がいる。仲間がピンチの時は自分が力を貸そう」と団結し、逆境を切り抜けます。仲間と力を合わせて頑張れば、いつか乗り越えられることを教えてくれる魔法の言葉です。

25

貧しい者にも敬意を持て。

『ミッキーの王子と少年』（１９９０）

　王様が病に倒れてからというもの、人々が幸せに暮らしていた王国はまるで暗雲に包まれたよう。王の名をかたった近衛隊長がのさばり、悪事を重ねて人々を苦しめます。

　ある日ひょんなことから飼い犬のプルートがお城の中へ。ミッキーも後を追いかけます。庶民がお城に入ることなど許されませんが、門番はあわててミッキーを城中へ迎え入れます。ところが乱暴な近衛隊長につかまってしまい、それを見かけた王子が発した言葉です。

　正義感にあふれ、礼節を持って人と接する王子の気概が表れています。上に立つ者でありながら、おごることのない立派な姿勢です。それにしてもこの王子様、貧しい庶民のミッキーとうりふたつなんです。

26

プルート、優しくしろよ、
クリスマスなんだから。

『プルートのクリスマス・ツリー』（1952）

家にクリスマスツリーを飾ろうと、木を探しに行くミッキーとプルート。手ごろな木を持って帰りますが、その木はなんとチップとデールが暮らす木でした。そんなことは知らず、クリスマスツリーの飾り付けに忙しいミッキー。チップとデールの存在に気付いたプルートは、ワンワンワンと大怒り。

めちゃくちゃになったクリスマスツリーからチップとデールを見つけたミッキーが、プルートにかけた言葉です。

一年の中でも神聖で特別な日。街中にクリスマスソングが流れると、誰もが温かい気持ちになるものです。いさかいが静まり、平和で楽しく過ごせる日々が続くことを願わずにはいられません。クリスマスが過ぎても。

Mickey's word

27

君と僕は楽しさの
基準が違うんだよ。

『ミッキーマウスのワンダフル・スプリング』（2022）

春は始まりの季節です。散らかった部屋にさよならして、心機一転新しい生活をスタートさせたいもの。「古いものを捨てて、新しいものを迎える」を合言葉にしましょう。――そう、特に〝捨てられない〟ミッキーにとっては。

足の踏み場もないほどに、ものにあふれたミッキーの部屋。片付けを進めるミニーに対し、ご不満のミッキーはこう言います。

「こんなものに価値があるの?」と言われても、自分だけにしかわからない価値ってあるものですよね。あなたの不要は、誰かの必要かもしれません。そして、何を楽しいと思うかもまた、人によって価値観はさまざまです。整理整頓は確かに必要ですが、不満げなミッキーからこぼれる一言に考えさせられます。

Mickey's word

28

僕のたったひとつの願いは
親友が戻ること。

『ポップアップ　ミッキー／すてきなクリスマス「プルートはどこへ？」』（２００４）

ミッキーの親友は、プルート。クリスマスパーティーの飾り付けに忙しいミッキーですが、プルートは指示を無視して完璧な準備が台無しに！　ミッキーにガツンと叱られたプルートは傷心のまま家を飛び出してしまいます。汽車に飛び乗りたどり着いたのはなんと北極。プルートはひょんなことからクリスマスの空飛ぶトナカイの一員に。

一方プルートの家出に気づいたミッキーは、寒空の中を探し続けます。万策尽きたミッキーが、サンタクロースに願いを託した言葉です。

サンタの心づかいによりミッキーと再会を果たしたプルート。ミッキーは、クリスマスは愛する仲間たちと一緒に祝うことに意味があると再確認します。親友が一緒なら、これで完璧。

29

たとえお金持ちになっても
お金がなくなっても
そんなことより大切なのは
あなたといること。

『ミッキーマウスのワンダフルワールド　第13話「二人のデュエット」』（2020）

今日も仲良く一緒に過ごすミッキーとミニー。街を散歩中に目にとまったのは、一台のストリートピアノ。華麗にピアノを奏でながら、明るい歌声を響かせ、優雅なデュエットを聴かせてくれます。

拍手喝采を浴びる２人に近づいてきたのは怪しげな自称大物プロデューサー。お金儲け、いや、世界中を笑顔にするためと、まんまと口車に乗せられてしまいます。一躍スターダムにのし上がった２人ですが、連日のステージで心も体も限界に……。

傷心のミッキーとミニーは、あのストリートピアノの前で、忘れかけていた想いを歌にしたのでした。豊かであっても貧しくても、愛する２人が一緒にいれば夢は叶うのです。

Mickey's word

30

まず厳しく叱り、
優しくハグする。

『ミッキーマウスのワンダフルワールド　第6話「ビッグ・グッド・ウルフ」』（2020）

ミッキーとミニーが暮らす平和な街。口笛も軽やかに進むミッキーのもとに、ミニーが助けを求めて駆け寄ります。あたりを見回すと街はめちゃくちゃ。なんと、悪名高きビッグ・バッド・ウルフがやってきて、大暴れをしているではありませんか。

見かねたミッキーがビッグ・バッド・ウルフに立ち向かう際に発した言葉です。

悪には制裁を、そして抱擁を。罪を憎んで人を憎まず、にも通じるミッキー流の上手な叱り方として、参考にしたいものです。怒ることと、叱ることは、別物であることを忘れずに。さて、ミッキーに諭されたビッグ・バッド・ウルフは、はたしてビッグ・グッド・ウルフとなれるのでしょうか。

Mickey's word

31

僕も君を信じるべきだった。

『ミッキーマウスのワンダフルワールド　第17話「ミッキーとミニーの宝探し」』（2020）

宝探しのために、大海原を進む海賊船。宝物をひとり占めしようとする強欲なピート船長。船員のミッキーとミニーは、宝物は仲間と仲良く山分けしたいと考えています。

ピート船長が持つ宝の地図を手に入れたミッキーとミニー。宝探しの旅へ出ますが、争いが絶えません。宝物にありつくには、２人の協力が不可欠なのに。

過酷なミッションの下で、お互いが共通の理念を抱いていることを確認し合えた時、２人は不協和音を解消します。そしてついに、宝の鍵を手に入れることに成功するのです。

会社や学校、家庭でさえも、コミュニケーションを怠ることが、どれほどの不利益をもたらすことでしょう。１人では困難なことも、人の助けが支えになって乗り越えられるものです。

32

気にしないでいいよ。
君は遊びたかったのに――
僕が何度も
後回しにしたせいだ。

『ミッキーのクリスマスをすくえ』（2022）

クリスマスの朝まであとわずか。それなのに子どもたちへクリスマスプレゼントが渡せない⁉

次から次へとハプニングに見舞われるミッキーたち。トラブルの発端となったプルートは、責任を痛感してついに泣き叫び始めてしまいます。

悲観するプルートの目を優しく見つめながら、ミッキーは語りかけたのでした。

自分にも非があることを認め、謝罪しました。責任逃れがはびこる世の中で、その誠実さに心洗われます。忙しさにかまけて、大切なことを疎かにしていたと反省するミッキー。クリスマスで大切なことは、きらめく飾り付けなんかじゃない。それは大切な人とともに過ごすこと。特別な日には、奇跡が起こるかもしれません。

33

もし優勝したら
その賞金を全部あげる
約束だったんだ、
恵まれない子どもたちに。

『ミッキーマウス！　シーズン１：第11話「ドッグショー」』（２０１３）

ドッグショーのために練習に励むミッキーとプルート。突如練習に参加したグーフィーのせいで、プルートは大けがをしてしまいます。ドッグショーへの出場を絶たれたプルート。責任を感じて謝るグーフィーに、ミッキーがつぶやいたセリフです。

陽気なだけでなく、慈悲深い心をあわせ持つミッキーの一面が垣間見られるシーンです。見るも悲しそうな表情のミッキーに、心が締め付けられそうです。

かわいそうな子どもたちのために、何かできることはないかと嘆くグーフィーを見て、ミッキーはひらめいたのです。プルートがダメなら、グーフィーをドッグショーに！　はたして優勝の行方は？　子どもたちのために賞金を得ることができるでしょうか？

Mickey's word

34

これじゃあ僕1人しか楽しめないもんね。

『ミッキーマウス！　シーズン3：第5話「ふたりでギアチェンジ」』（2015）

今日は快晴で最高のドライブ日和。ミッキーの真っ赤な愛車もご機嫌です。ところがドライブの目的がサーフィンだと知ると、愛車は不満をあらわにします。ミッキーはサーフボードを積み込もうとしますが、頑なに拒否する彼の愛車。何としてもビーチに行こうと強硬手段に打って出るミッキー。力ずくでビーチにたどり着くのでした。

喜び勇んで海へと走るミッキーが、ふと足を止め目をやると……。悲しそうな愛車の姿を見て、自分の過ちに気付くのでした。

ミッキーはサーフィンを満喫できますが、その時間は愛車にとって退屈でしかありません。自分だけ楽しければいいなんてもってのほか、みんなが楽しくなければですね。

Mickey's word

35

でもこれ以上
嘘はつけないんだよ。

『ミッキーマウス！　シーズン3：第11話「ペアルック」』（2016）

今夜は大事なデートの日。ミニーからもらったおそろいのセーターを着るミッキー。ところがこのセーターがかゆくてたまらず、とてもデートどころではありません。

毛糸が観覧車にからめとられて、どんどんほころんでいくミッキーのセーター。ついにミッキーの上半身は一糸まとわぬ姿となります。その瞬間、ミッキーは意を決してミニーに思いの丈を伝えるのでした。

泣き叫びながら窮状を訴えるミッキー。ミニーを想いながらも苦悩する姿が涙を誘います。たとえどんなに言いづらくても、嫌なことは嫌だと言う勇気も必要です。相手が大切な人ならなおさら、正直な気持ちを伝えることが優しさでもあるかもしれません。

Mickey's word

36

死ぬには早すぎるよ。
代わってあげたい。

『ミッキーマウス！　シーズン4：第18話「いかないで」』（2018）

ミッキーの飼うガブルズの金魚鉢から、おかしなにおい。久しぶりに掃除をして、きれいになった金魚鉢にご機嫌のガブルズ。快適な環境は、ガブルズを深い眠りに誘います。

金魚鉢に浮かぶガブルズを見て、死んでしまったのかと勘違いしたミッキーの言葉です。愛するペットとはいえ、「代わってあげたい」なんて、なかなか言えるものではありません。

ミッキーの愛と優しさがあふれる言葉ですが、それにしてもおっちょこちょいなミッキーには同情の余地もありません。いびきをかいてお昼寝中のプルートにまで、同じ言葉をかけるんですもの。

37

大事なのは
ケーキの大きさより
君たちの心の大きさなんだよ。

『ミッキーマウス！　シーズン5：第4話「サプライズ！」』（2018）

明日はミッキーの誕生日。ところが誕生日のたびに繰り返されるサプライズに、ミッキーは耐えられません。ささやかなお祝いを望むミッキーは、みんなにサプライズなしの誕生祝いを懇願します。迎えた誕生日。みんなはミッキーのためにバースデーケーキを用意します。中途半端な大きさでは納得のいかないミニーは、どうしてもケーキを大きくしたくて仕方ありません。暴走するミニーは、ミッキーの言葉で目を覚ますのでした。

大きいケーキや手の込んだサプライズなんかなくてもいい。必要なものは、思慮深い心。相手を思いやる気持ちなのです。

ひと悶着(もんちゃく)あったケーキですが、ミッキーもそのおいしさにはびっくりです！

Mickey's word

38

お礼だなんて
とんでもありません。
これもルールのうち。

『ミッキーマウスのワンダフルワールド　第1話「伝説のカウボーイ」』（2020）

舞台はアメリカ西部開拓時代。ミニーは牧場で、ある１人の男の到着を待ち焦がれています。自分だけのルールを持った、誰もが憧れる存在。そう、その男は西部一の伝説のカウボーイ、ミッキー。彼の役目は盗賊を避けて、街までミニーのチーズを運ぶこと。盗みなど許さない、それがミッキーのルールなのです。

盗賊に襲われながらも、無事にチーズを街で待つミニーのもとへ運ぶことに成功したミッキー。感激してお礼をしようとするミニーに対し、ミッキーは胸を張って答えるのでした。

お互いを大切に思えば、ハーモニーが生まれてすべてがうまくいく。これもまたミッキーが自分に課す掟（おきて）。自分の信念に従って生きることの大切さを教えてくれます。

Mickey's word

39

誰かが助けてあげないと。

『ミッキーマウスのワンダフルワールド　第11話「幽霊たちのお泊まり」』（2020）

街を行くミッキーは、「呪われた家」を壊しに行く、という一団に遭遇します。その家には幽霊がいて、みんなを脅かしていたようです。一瞬で跡形もなくなった幽霊屋敷。取り残された幽霊たちは居場所を失い、どこともなく去っていくのでした。そんな幽霊を見かねたミッキーが発した一言です。

たとえどんな境遇であろうとも、困っている者を放っておくことなどできないミッキー。彼のように、みんなが困っている者に自然と手が差し伸べられるなら世界はもっとよくなるはず。

すみかを追われた幽霊を不憫に思ったミッキーは、自分の家を仮住まいとして招き入れるのですが……。その優しさには感心しきりですが、優しすぎるのもほどほどに。

Mickey's word

40

みんなで助け合おう
そしてすべて分かち合おう

『ミッキーマウスのワンダフルワールド　第19話「魔女の願い」』（２０２０）

朝日とともに目覚めたら、笑顔の時間の始まりです。ミッキーは高らかに歌いながら、前へ進んでいきます。

完璧な一日のスタートは、誰かの夢を叶えるお手伝いをすることから。幸せを施せば、その幸せは巡り巡ってくるもの。触れ合いは、「触れ愛」でもあるのです。さあ心の羽を羽ばたかせよう。喜びを贈れば、胸に愛があふれだすから……。ミッキーの歌からは、ほとばしる愛があふれています。

喜びを分かち合えばその喜びは倍となり、悲しみを分かち合えばその悲しみは半分になるでしょう。今こそ世界中に、ミッキーが呼びかける「愛と平和」を！

41

クリスマスは恵みの時。
家族と一緒に
過ごす時なんですよ。

『ミッキーのクリスマスキャロル』(1983)

雪の降りしきる寒いクリスマス・イブ。ケチで強欲な商人のエベニーザ・スクルージは、絵に描いたような守銭奴そのもの。彼の下で働くクラチット（ミッキー）が、クリスマスの半日休暇を願い出るも、明日早く出勤するならと条件を出すほど。甥（おい）のフレッド（ドナルド）がディナーに誘いますが、「クリスマスだからと浮かれるな！」と、取りつく島もありません。

そんなスクルージに対して、ミッキーは諭すように語りかけたのでした。年に一度、優しい心を大切な人と分かち合う時。神の恵みに感謝して、子どもたちに愛と喜びを、と。思いやりと寛大さがクリスマスの精神です。クリスマスに、神の祝福があらんことを。

第3章
夢と希望にあふれる言葉

ミッキーはどんな状況であっても
決してあきらめることはありません。
また、ロマンティックな一面もあり、
私たちの心を明るくしてくれます。

42

たとえつらい時も
信じていれば
夢は叶うもの。

『ミッキーマウス！　シーズン４：第10話「夢の続き」』（２０１７）

ユニコーンにまたがるミッキー。声高らかに歌いながら、ミニーのもとへ向かいます。ミニーに近づこうとすると——犬のほえる音で目が覚めます。

夢の続きを見ようとするミッキーに襲いかかるのは、騒音に次ぐ騒音。なかなか眠らせてもらえません。

気付くと再び夢の中、ユニコーンに乗ってミニーのもとへ急ぐミッキー。ところがまたも騒音たちの邪魔が入ります。うるさくて歌うこともできません。

ユニコーンの角を拝借し、指揮棒として使うミッキー。うるさい騒音たちを、華麗な指揮によって素敵なリズムとメロディーに変えることに成功します。デュエットするミッキーとミニー。愛の接吻（せっぷん）を交わすのでした。

43

ミニー「私たちは夢を壊さない」

ミッキー「その通りだね」

『ミッキーマウスのワンダフル・ウィンター』（2022）

恋人たちが氷上を舞う冬のダンスショー。魔法のような華麗さで、観客を魅了するアイスダンスを繰り広げるミッキーとミニー。足の痛みにも耐え、ショーはますます盛り上がります。

ところがいつもいいところで、ショーの邪魔をして台無しにしてしまうグーフィー。皆を喜ばせたい一心のミッキーでしたが、度重なる嫌がらせに心も折れます。

そんなミッキーとミニーの姿に涙を落とす熱烈なファン。それを見てハッと気づかされた２人が発した言葉です。

ひどく打ちのめされても、ショーを続ける意味を再確認したミッキーとミニー。魔法を生み出すには、犠牲も伴うもの。困難が立ちはだかる時に大切なのは、希望を失わないこと！

Mickey's word

44

ちっぽけな雨粒じゃ、
広い海の美しさは
表現できない。

『ミッキーマウスのワンダフルワールド　第8話「特別な普通」』（2020）

今夜もごく普通のデートに出かけようと、準備するミッキーとミニー。実はお互い内緒にしていますが、いつもと違うとびきりのデートを計画しているのです。

ドナルドとグーフィーがミッキーを、デイジーとクララベルがミニーをサポート。ディナーへ向け車を走らす道中も、さまざまな仕掛けを繰り出しますが、すべて裏目裏目に出て大失敗。後のなくなった2人は残りの仕掛けをまとめて繰り出すことで挽回を図ろうと試みます。

そこでミッキーの口から出た言葉です。

愛の表現を小出しにしていたら、愛の深さが伝わらないと、追い詰められた様子が伝わります。それもこれも、ミニーへの愛が並大抵のものではないことの証です。

45

心を見つめてごらん、
真実に気付くから。

『ミッキーマウスのワンダフルワールド　第16話「ミッキーのハート」』（2020）

ミニーにぞっこんのミッキー。その気持ちを伝えるためのプレゼントを思案しています。考えに考え抜いたミッキー渾身（こんしん）の贈り物は、全身全霊を込めた愛の「ハート」です。ところがミニーはそのハートを受け取り損ねてしまい……。

ミッキーの愛が詰まったハートは行く先々で、2人を混乱に陥れます。ミニーに襲いかかろうとするハートを諭すために、ミッキーが優しく語りかけます。

愛することで誰かを傷付けてしまってはいけません。目的を果たすための行動が、いつしか行き過ぎてしまうこともあるでしょう。目的を見失いそうになったら、胸に手を当てて初心に戻りましょう。

Mickey's word

46

僕たちの愛の力で。

『ミッキーマウスのワンダフル・スプリング』（2022）

寒く長い冬が終わりを告げると、春の訪れが新たな命を運んできます。暖かい日差しを受けて花は咲き、動物たちは長い眠りから目を覚まします。グーフィーは春の新鮮な空気を味わいたいと願い、ドナルドは穏やかな空の下でくつろぎたいと願っています。

ミッキーとミニーは仲良く庭いじり。ミニーが「願いごとをして」と言うと、「お庭に花がいっぱい咲きますように」と答えたミッキー。続けて出たのがこの言葉。

愛の力はすさまじく、春の日差しを浴びて花々が咲き誇ります。

Mickey's word

47

結婚なんかやめて
一緒に旅に出ようよ。

『ミッキーの騎士道』（1933）

騎士道が華やかなりし頃のお話。年老いたロバに乗り、おんぼろギターを片手に街から街へ、旅して歌うミッキー。

お城の中ではミニー王女が、ププパドゥー国の王子と無理やり結婚させられようとしているではありませんか。王子にビンタをお見舞いしてしまったミニーは、父君である国王の怒りを買い、牢(ろう)に閉じ込められてしまいます。それを偶然見ていたのは吟遊詩人のミッキー。

牢の中で絶望の涙にくれるミニーの耳に聞こえてきたのは、ミッキーの奏でるギターと歌声です。今のミニーにとって、これほど希望に満ちた言葉はありません。恋愛と結婚は別物などと言われますが、愛のない結婚なんてね。

48

僕の心に咲く花！

『ミッキーマウス！ シーズン2：第17話「いとしのミニー」』（2015）

目覚めの瞬間から、ミニーへの愛があふれるミッキー。ベッドから飛び起き、愛するミニーを想いながら部屋中を歌い踊ります！

花のように可憐なミニーに夢中のミッキーの姿は、見ているこちらが恥ずかしくなってしまうほど。でも、癒やしと幸せを与えてくれる花のような存在が心にあったら、人生はなんと素敵なことでしょう。

ミニーに美しい花を贈ろうと、歌声も高らかに進むミッキー。ところが手にしていた花を失ってしまいます。急遽代わりの花を探すミッキーですが、ハチに襲われたりモグラに間違われたり……。

ミニーのもとへ、美しい花を届けることができるでしょうか。

Mickey's word

49

僕の望みは
君がいれば叶う。

『ミッキーマウス！　シーズン3：第3話「コインに願いを」』（2015）

ミッキーとミニーがやってきたのは「望みが叶う井戸」です。願いを口にしてコインを投げ入れると、たちまち夢が叶うとか。ところが井戸から現れたのはなんとピート⁉

とんでもないことに、願いが込められたコインをピートが根こそぎ盗み去っていくではありませんか。みんなの望みを取り返すため、ピートの後を追うミッキーですが……。

コインを取り返し、みんなの願いを叶えることに成功したミッキーが、ミニーを抱き寄せながら言いました。

期待を一身に背負いながら、見事にその大役を果たしたミッキー。そんな彼の望みは、たった1人の大切な人がそばにいること。愛する者と一緒にいられるのならば、他には何もいらないのです。

50

ミニー
「みんなの笑顔を奪いたくないわ」

ミッキー
「僕もだよ」

『ミッキーマウスのワンダフルワールド　第13話「二人のデュエット」』（2020）

ストリートピアノで華麗な演奏と歌声を披露するミッキーとミニー。集まった観衆は大喝采です。するといかにも怪しげな自称大物プロデューサーが２人に接近。金儲けのため一緒に組もうと誘惑します。幸せになるために歌うのだと一旦は固辞する２人。そこへプロデューサーは「歌で世界中を幸せに！　みんなの笑顔を奪うんですか？」と、さらなる殺し文句で誘います。この言葉に驚愕の表情を見せた２人が発した言葉です。

誕生から今に至るまで、世界中の人々を常に幸せにしてきた２人ならではの言葉。誰をも幸せにしたいという気持ちは、もはや持って生まれた才能といえるかもしれません。

こうしてまんまと口車に乗せられた２人は……。

Mickey's word

51

僕のハートは
他の誰のものでもない、
永遠に、君のもの。

『ミッキーマウスのワンダフルワールド　第16話「ミッキーのハート」』（2020）

ミッキーがミニーへの熱い気持ちを伝えるために、全身全霊を込めて用意した「ハート」は愛の象徴。ミニーが受け取るはずだったハートですが、ハプニングにより街中に散らばって暴走を続けています。なすすべをなくし悲観するミニーに対し、ミッキーが力強く語りかけました。

誰もが一度は言われてみたい、また一度は言ってみたいセリフです。たとえハートがバラバラになろうとも、最後のひとつまで拾い集める決意です。

これほどまでに誰かを愛することができるでしょうか。ミニーに一途の愛を捧げるミッキー。ミッキーが世界中から時を超えて愛され続けている所以です。

52

ミッキー
「夜が終わらなければいいのに」

ミニー
「ええ、本当ね」

『ミッキーマウス！　シーズン5：第13話「月明かりの下で」』（2019）

月明かりが照らす浜辺で寄り添うミッキーとミニー。最高の夜のひとときを過ごす2人のロマンティックなやり取りです。互いに深い愛情で結ばれたミッキーとミニーは幸せにあふれ、周囲にも自然と夢や希望を与えるのです。

2人の会話を聞いて、突如話しかけてきたのはなんとお月さま。その情熱的な関係を褒めちぎります。「そろそろ『おやすみ』を」と言いかけるミッキーですが、お月さまは最高の夜を満喫させようと、2人を世界中に連れ回すのです。恋人の街・パリ、桜並木、天空に舞うオーロラが見られる雪山……このままでは朝を迎えることができません。

あんなことを言ったばっかりに――。このままでは帰れない？　日が昇るまで、なんとかお月さまの注意を引かなければと、ミッキーとミニーが力を合わせます。

53

雪の結晶の中で
終わりなき原子の世界を旅して
分子の奇跡を目撃する！

『ミッキーマウス！　シーズン2：第4話「ミクロの世界」』（2014）

歴史的な発明品が集まるサイエンスホールを訪れたミッキーご一行。ミクロの世界を探検できる「ミクロ光線」なるマシンを見上げるミッキーとグーフィー。１人だけ大興奮のミッキーですが、ドナルドの不注意でマシンの電源スイッチがオン！　その瞬間、ミクロ光線を浴びながらミッキーが期待を込めて発した言葉です。

まだ見ぬものへの憧れにあふれ、好奇心旺盛なミッキー。原子レベルの化学にまで探求心を持つとは大したものです。

思いもかけずミクロサイズとなったミッキーとグーフィー。あろうことか、ドナルドの体内に潜り込むことになるのですが……。好奇心の塊であるミッキー、ドナルドの体内でもやりたい放題です。

Mickey's word

54

明日の技術を今日体験できる。
すごい！　まさに無限の可能性！

『ミッキーマウスのワンダフルワールド　第2話「おせっかいテクノロジー」』（2020）

ミッキー、ドナルド、グーフィーは、ヴォン・ドレイク教授に連れられ、最新の発明である未来の家「ハウス・オブ・トゥモロー」を目の当たりにします。革新的な最先端技術のすべてを集めた優れもの。AＩが必要なものを分析して、誰にでも的確な提案をしてくれるのだとか。

教授の解説に１人大興奮のミッキーが発した言葉がこちら。

好奇心旺盛なミッキーは最新科学にも興味津々。教授の話を聞いて目をキラキラさせるその姿はまるで子どものよう。年を重ねても、まだ見ぬ世界への好奇心を失わずにいたいですよね。

明日にならないと中に入れてもらえないと知ったミッキーは落胆しますが、すきを見て侵入することに成功し、やがて……。

Mickey's word

55

少し景色を変えてみよう。
きっと新しいアイデアが浮かぶよ。

『ミッキーマウス！　シーズン４：第5話「ハチの恩返し」』（２０１７）

絵画にいそしむミニーですが、納得のいく仕上がりになりません。「個性が感じられない」と、自身の絵を引きちぎり絶望するミニー。部屋にはミニーが描きためたであろう絵があふれています。落胆するミニーに向かって、ミッキーがかけた言葉です。

物事に行き詰まったり思い悩むことがあったりする時には、現状に変化をもたらすこと。ちょっとした変化が、新たな気付きを得るきっかけになるのです。

室内で描くことをやめて、外へ出てミッキーをモデルにしたところ、完璧な構図を見出したミニー。心機一転、素敵なアイデアがあふれ出すようです。

第4章
正しさを考える言葉

正義感が強く、思慮深いミッキー。
いつも正々堂々とあろうとする言葉は、
本当の「正しさ」を教えてくれます。

Mickey's word

56

銃士が危険から
逃げるわけにはいかない、
この制服を着ている限り、
僕らは逃げちゃだめだ。

『ミッキー、ドナルド、グーフィーの三銃士』（２００４）

ミニー姫を守るため、夜の城内の警備にあたる近衛銃士のミッキー、ドナルド、グーフィー。ところがグーフィーは誘き出され、ドナルドも九死に一生を得ます。ミッキーに衝撃の事実を伝えるドナルド。ミニー姫を誘拐して王様になろうとしているのは……。

持ち場を逃げ出そうとするドナルドに、ミッキーが毅然とした態度で言い放った言葉です。銃士になった理由はさておき、その制服を身に着けているのはれっきとした事実です。勇敢で正義に忠実であることは銃士の証。制服はそのプライドの象徴です。

ビジネスパーソンのスーツだって、アスリートのユニフォームだって、料理人のエプロンだって、プロの気概を表すもの。

57

こうなったら私が
世を正さなくては。

『ミッキーの王子と少年』（1990）

退屈な日々を過ごしていた王子は、偶然出会った生き写しのようなミッキーと入れ替わることを思い付きます。晴れて自由の身となり期待に胸を膨らませる王子ですが、城外で彼を待ち受けていたのは過酷な現実でした。

王様の名のもとに、悪の限りを尽くす近衛隊長とその配下たち。困窮する市民にはなすすべもありません。そのころ城内では、病に伏していた王様がついに帰らぬ人となります。

正義感あふれる王子は、不正が横行する現実を目の当たりにして、立ち上がるのです。

王様が亡くなる寸前にミッキーに託したのは、正しく、賢く、思いやりを持って国を治めること。すべての為政者は、肝に銘じてもらいたいものです。

58

君みたいなのが
騎士ならば——
騎士にはなりたくない。

『ミッキーマウスのワンダフルワールド　第7話「勇気ある小さな家来」』（2020）

勇敢な騎士を夢見るミッキー少年は、王国の危機を救った憧れの騎士の家来となります。意気揚々と騎士の後に続くミッキーですが、やがて憧れの騎士に不信感を抱きます。戦っているのは騎士ではなく、いつだってミッキー。手柄は横取りされていたのです。意を決して、堂々と騎士の目を見据えていざ意見！

言いにくいことをあえて口にする。不正を告発し正義を貫くことは、時として大きなリスクを伴うものです。しかし声を上げなければ、自らの尊厳を守ることはできません。

騎士への夢を絶たれたミッキーですが、その正義感と勇気こそ、真の騎士たるものでした。見ている人は、見ているものです。

Mickey's word

59

よーし、
奴を細切れにしてやる！

『ミッキーの巨人退治』（1938）

仕事の邪魔をしてくる煩わしい虫を、一度に7匹も退治した仕立屋のミッキー。ところが「7匹退治した」ことのみ誇張されて噂(うわさ)は人から人へ。ついに噂は王の耳に入ります。

街中の人々を恐怖に陥れているのは「巨人」の存在。みんな頭を悩ませているのです。巨人制圧の適任者と目されたミッキーは、王より巨人退治を命じられます。拒もうとするミッキーですが、そのご褒美は大量の金貨に加え、ミニー姫との結婚も。ミニー姫からの熱いキスにミッキーはメロメロ、一転して戦うことを決意するのでした。

品行方正なミッキーらしからぬセリフが聞けるレアなシーンです。意外な発言って、ドキッとして忘れられなくなりませんか？

60

あんなやり方ひどすぎるよ。
チャンスさえあれば
僕が懲らしめてやるのに。

『ミッキーマウス！　シーズン１：第16話「真のチャンピオン」』（２０１４）

特設リングを中心に、大入り満員で盛り上がる観衆たち。ミッキー、ドナルド、グーフィーはプロレス観戦にやってきました。リング上ではヒール（悪役）レスラーのピートが大暴れ！　対戦相手を反則まがいの荒技で病院送りにしてしまいます。この一戦を目の当たりにしたミッキーが、腹を立てて言い放った言葉がこちら。

　正義感あふれるミッキーらしい言葉です。興奮して身ぶり手ぶりも大きく、報復の狼煙（のろし）を上げるミッキー。客席にいるから威勢もよいですが、本人の前で同じことが言えるのでしょうか。

　この言葉がきっかけとなり、ミッキーはピートの対戦相手としてリングに上がることになります。さて、どうなることでしょう……。

Mickey's word

61

ずるして勝ちたくなんかない！

『ミッキーマウス！　シーズン4：第7話「二人三脚」』（2017）

今日は年に一度の「二人三脚レース」の日。街中の皆が競い合う一大イベントです。毎年ミッキーとペアを組んでいたミニーはデイジーとペアに。真面目すぎるミッキーでは、勝てないのです。そう、このレースの出場者は皆知っているのです。ずるをしなければ勝てないということを！

スタート直後からありとあらゆる反則技を繰り広げる出場者たち。ミッキーの相棒となったピートも黙っていません。「正義は必ず負けるんだ」と掟破りのラフプレーでゴールに向かうピートに、ミッキーは叫んだのでした。

不正を絶対に許さないミッキー。ゴールするまでどんなに時間がかかろうとも、ずるをするよりも「正々堂々」と勝負するのがミッキーの矜持（きょうじ）です。

62

ずるしてごまかすような
ひどい選手は
大事にされないんだ。

『ミッキーマウス！　シーズン3：第18話「スポーツマンシップ」』（2016）

ここはバスケットボールの試合会場、実況アナウンサーはミッキーです。反則技が横行するゲーム内容に業を煮やし、試合を中断して選手に苦言を呈するミッキー。なんと、ルールを守って正々堂々と戦う〝スポーツマンシップ〟について、知っている者は皆無だったのです。

あきれたミッキーにより、即席のスポーツマンシップ講座が始まります。その心とは、思いやり、ゆずり合い、チームワークを尊重すること。続けてミッキーは、核心を突く言葉を発するのでした。

ずるをして勝利を得たとしても、最後は必ず痛い目を見るということ。スポーツマンシップに則(のっと)った選手ならば、とても大事にされることでしょう。普段の生活においても、同じことが言えますね。

Mickey's word

63

勝ち負けなんて関係ない、
楽しければそれでいいんだ。

『ミッキーマウス！ シーズン5：第15話「勝利を奪え」』（2019）

テニスコートに颯爽と現れたミッキーとミニー。対するドナルドとデイジーは、高圧的な態度で勝つ気満々です。

ドナルドペアによる手加減ナシのハードプレーに、コテンパンにやられてしまうミッキーペア。勝利をあきらめかけたミッキーですが、秘密のアイテムを手に入れ試合再開。スーパープレーを連発するミッキーペアが、ついに勝利を手にします。ところがアイテムを使っていたのがばれてしまい、4人は言い合いに。

正真正銘の実力勝負ではミッキーペアが得点し、ドナルドペアは落胆します。しかし、ミッキーの一言でみんな大切なことに気付いたのでした。

スポーツの醍醐味は勝ち負けだけじゃない。楽しくなければ、スポーツをする意味もないですから。

Mickey's word

64

大切な場所をこのまま
ピートたちに渡しはしない！

『ミッキーマウスのワンダフルワールド　第5話「ローラー・ディスコは止まらない！」』（2020）

ローラー・ディスコでノリノリの音楽に乗せて、ナイトフィーバーに興じるミッキーマウス&フレンズ。ところが乱暴者ピートの登場で状況は一変。暴れまわるピートたちに、リンクを占領されてしまいます。追い出されたミッキーは、単身でピートたちのいるリンクへ乗り込んでいきますが……。

ローラー・ディスコが楽しめる新たな場所など、そう簡単には見つかるはずもありません。みんながあきらめかけたその時、ミッキーが高らかに叫んだのでした。

輝ける自分たちの居場所を守ろうとする、ミッキーの熱い思いが伝わります。ミッキーたちは渾身のマジックダンスでピートたちを圧倒、リンクを取り戻すことに成功します。これがディスコ・マジック！

65

君を心配する
必要はなかったね。
もう赤ちゃんじゃない。

『ミッキーマウスのワンダフルワールド　第4話「心配はパパのお仕事？」』（2020）

ミッキーマウスが自分の子どものように溺愛する金魚のガブルズ。今日は学校へ初めて登校する日です。元気いっぱいに出かけたガブルズですが、見送ったミッキーは心配で居ても立ってもいられません。たまらず学校まで乗り込んだミッキーは、ガブルズに付きっきりで見守りを開始。あまりの過保護っぷりに、ガブルズはクラスメートの笑いものになってしまいます。怒って学校を飛び出したガブルズですが、ピンチに陥ったミッキーを助けに舞い戻ります。

ガブルズの勇敢でたくましい姿を目の当たりにしたミッキーが、愛する者の成長を認めた言葉です。子どもの成長には目を見張るものがあります。誘惑も多く心配は尽きませんが、かわいい子には大いに旅をさせましょう。

第5章
ミッキーの魅力がわかる言葉

人の心を惹きつけるミッキー。
勇気があって賢いだけでなく、
時には、お茶目でいたずら好き、
不器用なところも見せてくれます。

Mickey's word

66

困ったやつだなあ、もう。

『ミッキーのゴルフ』（1941）

今日は最高のゴルフ日和。ミッキーのスイングにも力が入ります。キャディを務めるのはもちろん相棒のプルート。実に息の合ったコンビネーションです。ボールの行き先を捉えようと、プルートが一目散に駆け出します。でもボールが飛び込んでいったのは、ホリネズミの巣穴ではありませんか。さあ、プルートとホリネズミの捕物劇の始まりです。

逃げるホリネズミに追うプルート。ところがホリネズミが逃げ進んだ後には、草木も生えないどころか穴ぼこだらけ。気づけばコースもめちゃくちゃに。これにはミッキーも大激怒かと思いきや、顔をほころばせて笑みを浮かべます。ミッキーの懐の深さとプルートへの愛を感じる一コマです。

Mickey's word

67

待ってろ、今行くよ！

『ミッキーのドキドキ汽車旅行』（1940）

口笛を高らかに響かせながら汽車を待つミッキーとプルート。ところが到着した汽車はペットお断り。ピート車掌に乗車拒否で降ろされてしまいます。

一計を案じたミッキーは、プルートを鞄に隠すことに。ギリギリのところで乗車が叶ったミッキーとプルートですが、検札にやってきたピート車掌にバレてしまいます。ここから逃げては見つかり、見つかっては逃げのドタバタ劇。途中で不運にも車外に飛び出してしまったプルート。身の危険を顧みず助けに行くミッキーの言葉です。最悪の状況下でも、パートナーを見捨てたり裏切ったりしません。

信頼で結ばれた、素敵な関係だと思いませんか？

68

ミッキー「みんな！」

ピート「誰がやった！」

『ミッキーのミニー救出大作戦』（2013）

モノクロのアニメと、カラフルでリアルなキャラクターたちが見事にマッチした作品です。

ミッキーとミニー、音楽隊を乗せた荷馬車が、陽気な音楽を奏でながら道を進みます。その後ろから車で近づくのはピート。荷馬車の上で歌うミニーに一目ぼれして、強引に連れ去ろうとするではありませんか。実はこの映像は、映画館のスクリーンに映し出されたもの。ピートは邪魔者のミッキーを、スクリーンの中から映画館のリアル空間に放り出すという暴挙に出ます。

ミニーを助け出すためにスクリーンの内と外で大格闘。ついにミッキーは仲間と協力し、強引に画面を逆さまにすることでピートを懲らしめます。ミッキーの咄嗟（とっさ）の機転を感じる一場面のやりとり。夢のような展開が魅力です。

69

ミッキー
「素晴らしい演奏でしたね」

ストコフスキー
「君こそ素晴らしかったよ、ミッキー」

『ファンタジア』（1940）

ゲーテの詩をもとにデュカスが作曲した『魔法使いの弟子』では、ミッキーが主役として曲のイメージを表現していきます。２０００年余り前のこと、ある魔法使いとその弟子の伝説です。大きな釜を水で満たすように命じられた弟子のミッキー。自分の代わりにホウキを働かせようと、未熟ながらも魔法の力を使います。のんきに居眠りするミッキーですが、やがて目を覚ました彼が目にしたものとは……。

曲が終わるとオーケストラの指揮者であるストコフスキー氏のもとに、出番を終えたミッキーが駆け寄ります。握手を交わし、お互いの健闘を称え合う２人。ミッキーの紳士的な振る舞いに、思わず笑みがこぼれます。

Mickey's word

70

心配いりません、ハハッ。

『ミッキーマウス！　シーズン２：第７話「ムンバイの奇跡」』（２０１４）

インドの都市、ムンバイ。タクシードライバーのミッキーが、お客のゾウを運びます。軽快に？　走り出すタクシーですが、道中は一難去ってまた一難。ハプニングが続くもミッキーは決してあきらめません。

ところがついにタクシーは使い物にならなくなってしまいます。不安を隠せないゾウに対して、明るく発した言葉です。

タクシーの燃料がなくなっても、かけがえのない商売道具のタクシーを失っても、お客の要望をきちんと満たすミッキー。決してあきらめることはありません。どんな困難な状況でも、完璧な仕事をこなすのがプロフェッショナル。そう、ここが目的地だったのです。

ゾウから思いもよらないご褒美を与えられたミッキー。もしかしてあのゾウは、インドの神ガネーシャだったのでしょうか。

Mickey's word

71

落ち着いて！
僕がクールに過ごす方法を
見つける！

『ミッキーマウス！　シーズン1：第6話「クールにいこう」』（2013）

街には灼熱の太陽が照り付け、うだるような暑さです。ところがミッキーたちは豪邸のプールで優雅にプカプカ。そんな「クール」なひとときも束の間、番犬に追われる羽目に。いくら暑いからといって、勝手に人様のプールを使ってはいけません。

危機一髪のところで逃げおおせた3人ですが、外は猛暑。ドナルドに激しく罵られたミッキーが、毅然（きぜん）とした態度で言い放ちます。

快適さを求めて他人のプールに入ってしまうほど、破天荒な一面もあるミッキー。何事も全力でとことん楽しんでやろうという心意気を感じます。

宣言通りに「クール」を求めて、型破りなチャレンジを続けるミッキー。アイスクリームのキッチンカーに忍び込み、さらなるドタバタ劇が巻き起こります。

Mickey's word

72

こらミッキー、怖がるんじゃない。
このくらい何でもない。

『ミッキーマウス！　シーズン２：第19話「白と黒の恐怖」』（２０１５）

夜の映画館ではホラー映画を上映中。ミッキーは入り口の前で、恐怖に震えながら自分に言い聞かせるのでした。

どうやらミッキーはこの手の映画が苦手なんですね。勇気を振り絞って恐怖を乗り越えようとはするものの、なかなか足が進みません。

ミニーとともになんとか席に着いたミッキーですが、映画が始まってもまだ震えは止まりません。スクリーンでは、今にも化け物が姿を現そうとしています。その出現に驚いて飛び上がるミッキー。強い衝撃を受けたミッキーの体には、ある変化が表れるのでした。

自らの恐怖心との戦いを繰り広げるミッキー。ミニーに勇気ある姿を見せるためにも、怖い映画を克服することができるでしょうか。

73

どうして僕を
好きにならないんだろう？
真面目で
チャーミングなのに。

『ミッキーマウス！　シーズン5：第10話「好きになって！」』（2019）

デートのお迎えのため、愛しのミニーの部屋を訪れたミッキー。熱い抱擁を交わすところに、ミニーの飼い犬であるフィフィが割り入ってくるではないですか！　ミニーにしか懐かないフィフィですが、ミッキーはお近づきになろうと考えます。

ミニーのお着替え中に2人きりとなったミッキーとフィフィ。親友の証としてキスを迫ると……ガブリ！　仲良くなろうと必死で話しかけるミッキーを、さらに激しく襲ってきます。なんとか隣の部屋に逃げ込んだミッキーが、憔悴（しょうすい）してこんな言葉をつぶやきました。

ミッキー自身も自覚していますが、誠実さと愛くるしいキャラクターは誰からも愛される秘訣。でも犬に通じるものでしょうか。困ったミッキーは、プルートに電話して相談するのですが……。

74

いつも同じゲームじゃ
つまらないし
ちょっと趣向を変えてみよう
と思ったんだ。

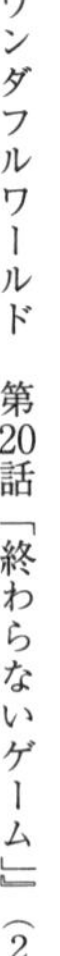
『ミッキーマウスのワンダフルワールド　第20話「終わらないゲーム」』（2020）

ミッキーの家で週1回開催されるゲームナイト。今宵もミッキーの家に向かう面々ですが、その足取りはなぜか重い。何しろ毎週つまらないゲームをするばかりか、勝つのは常にミッキー。早く終わらせて帰りたいというのがみんなの本音です。

ミッキーの家のチャイムを押すと、そこに現れたのは自分自身が駒になる、実物大の巨大なボードゲーム。突然のことで面食らう一同に、ミッキーがかけた言葉です。

どんなことでも「おもしろくする」ことに余念がないミッキー。マンネリの毎日に飽きたら、刺激を求めて変化を楽しむのもいいものです。

ルールがひとつだけあるとすれば、それは「楽しむこと」だけ！

Mickey's word

75

ただ捨てるのが
つらかったんだよ、
だって大事な思い出だから。

『ミッキーマウスのワンダフル・スプリング』（2022）

大都会に春の足音。ミッキーは大掃除に取りかかります。お手伝いにやってきたミニーは、足の踏み場もないほどのミッキーの思い出の品々を、ゴミと決めつけてしまいます。

中でもミッキーの一番の思い出の品は、子ども時代に運命の出会いをしたチュロスの食べかけ。のちにこのチュロスが大惨事を巻き起こすのですが……。

泣く泣くチュロスを捨てたミッキーが発した言葉です。

あなたにも自分だけしかわからない、特別な価値を持つ品があるかもしれません。でも思い出はいつも心にしまっておけるもの。「古きを捨て、新しきを得る」の精神で、整理整頓を心掛けましょう。その特別な品、次は誰かの思い出の品となるかもしれませんしね。

76

みんな待って、このまま終わるわけにはいかない。

『ミッキーマウスのワンダフル・サマー』（2022）

夏の一大イベントは花火大会。でもミッキー＆フレンズは毎年場所取りに失敗し、まともに花火を見たためしがありません。今年こそ最高の場所を確保するべく、入念な計画を立てます。

でも、やることなすこと裏目に出て、花火大会の会場をめちゃくちゃにしてしまうミッキーたち。市長は失意のまま、花火大会の中止を宣言します。あきらめて去っていくみんなの姿を見たミッキーは、雄叫（おたけ）びを上げながらこう言うのでした。

最悪の状況下でもあきらめないのがミッキー。みんなの悲しむ顔を見るなんてもってのほかです。事の重大さから、発端となった自分の責任を痛感しているのかもしれません。

最高の夏はここから再開するのです。

Mickey's word

77

ミニーのためなら
危険も乗り越えてみせる。

『ミッキーマウスのワンダフルワールド　第14話「バード・ウォッチング」』（2020）

緑豊かな森の中で、幸せの青い鳥をカメラに収めるミニー。バードウォッチングが大好きなミニーは、すべての鳥を写したアルバム作りに励んでいます。しかし最後の1羽だけ、いまだ撮影に成功していません。

ミッキーがふと空を見上げると、探し続けた鳥がいるではありませんか。アルバムの完成はもう間近です。でも鳥までの距離が遠すぎて、写真を撮ることができません。

そこでミニーに代わって樹上の撮影に向かうことにしたミッキー。「危険すぎる」とミッキーを案じるミニーに対し、ミッキーが発したなんとも頼もしい一言です。

ミニーのためならたとえ火の中、水の中！　そんな勇敢さを持ちたいものですよね。

Mickey's word

78

まだアイツのこと
格好いいと思う?

『ミッキーのライバル大騒動』(1936)

大自然の中、ピクニックの準備をするミニーとミッキー。そこへミニーの幼なじみ、モーティマーが颯爽と現れます。初対面となるミッキーとモーティマーですが、ミニーをめぐって不穏な空気が流れます。とんだ厄介者の乱入により、３人でピクニックをすることになったミッキーはおもしろくありません。

するとミニーの気を引こうと、闘牛士のまねごとを始めたモーティマー。華麗な姿を見せますが、ふとしたことから猛牛が大暴れ。ミニーには目もくれず逃げだしてしまいます。

猛牛と大格闘のドタバタの末、なんとか難を逃れたミッキーが、ミニーに問う一言です。ミニーへの愛情ゆえ、やきもちを焼くミッキーの一途な面が垣間見られます。

79

ミッキー「僕が嘘をついたことあるかい」

グーフィー「ないよ」

『ミッキー、ドナルド、グーフィーの三銃士』（2004）

勇敢な近衛銃士になることを夢見るミッキー、ドナルド、グーフィー。ところが何年たっても鳴かず飛ばず。先日もヘマをやらかして、銃士隊のピート隊長に絶望的なことを言われたばかり。

すっかり落ち込み仕事にも力が入らない３人。このままではいけないと、ミッキーは立ち上がります。３人で力を合わせて頑張れば、いつかきっと銃士になれると鼓舞するミッキー。不安そうな表情を浮かべるグーフィーにかけた言葉です。

すぐに結果が出なくとも、いつか必ず願いは叶う。あきらめてはいけないと勇気づけます。有言実行のミッキー。その前向きな心が、不可能を可能にするミッキーの魅力です。

Mickey's word

80

「15分以内に来なかったらお別れよ」（ミニー）

「はい、わかりました。すぐ行きます」（ミッキー）

『ミッキーのダンスパーティー』（1947）

パーティー会場の前から電話をかけるミニー。ミッキーの部屋の電話が鳴り響きます。ソファに横たわり大いびきで爆睡中のミッキーに代わって、電話に出たのは愛犬のプルート。ミッキーに取り次ぎますが、まだ寝ぼけまなこです。

デートの約束時間から1時間以上経過していることを知り、言い訳しようとするミッキーに向けて、ミニーが強い口調でまくしたてます。事の重大さを察知したミッキーは即座に敬語で応答！　急いで身支度に取りかかるのですが……。

ミニーに怒られあわてた様子のミッキー。彼にもこんな、ついていない日があるのです。なんとかミニーのもとへたどり着きましたが、今日はプルートに助けられっぱなしです。

第6章
愉快な仲間たちの言葉

ミッキーの周りには
個性的な仲間たちがいっぱい。
お互いを大事に思う気持ちが
その言葉には詰まっています。

81

愛してもいない人と
結婚できないわ。

『ミッキー、ドナルド、グーフィーの三銃士』（2004）

王宮にて、花占いに興じるミニー王女。いつか必ず会えるはずの、運命の恋人を夢見ているのです。

夢見がちな王女に、侍女のデイジーはこう申し出ます。運命の恋人たる者は、王族の方であるべきだと。いつかは王族の中から結婚相手を選ぶのだと諭します。ところがミニー王女は、身分など関係ないと思っているようです。

愛のない結婚なんてありえないと、運命の恋人の出現を信じて疑わないミニー王女です。出会いの瞬間を夢見る王女の純粋な心に触れていると、信じることが叶うことだと思えてきます。いつも幸せあふれるミニーの魅力がぎゅっと詰まった言葉です。

82

どんなに迷って
不安になっても
私はあなたと恋に落ちる。

『ミッキーマウス！　シーズン５：第18話「愛は世界を巡る」』（２０１９）

ミッキーとミニーは手こぎボートで運河をデート中。ミニーからミッキーへ、とっておきのプレゼントがあるようです。ウクレレを奏でながら、ミッキーへの愛を歌います。ミッキーは、彼女が歌に集中できるよう、邪魔が入らないように気配りするのですが……。

ミッキーとの運命を感じさせる素敵な歌詞が続きます。ところが2人の乗ったボートは世界中を行ったり来たり！　ピンチから逃れるために、ミッキーは歌どころではありません。

ミッキーとミニーがスクリーンデビューを果たしたのは、1928年の『蒸気船ウィリー』でした。この映画の中でもミニーは弦楽器と楽譜を抱えて登場します。常に音楽とともにある2人です。

Minnie's word

83

目をつぶって。
のぞいちゃだめ。
びっくりさせたげる。

『ミッキーの誕生日』（1942）

今日はミッキーの誕生日。ミニーはみんなを集めてサプライズパーティーを企画しています。ミニーの家を訪ねたミッキーに、オルガンをプレゼント。上手く弾けないミッキーに代わって、ミニーが演奏しパーティーを盛り上げます。

キッチンでケーキ作りを任されているグーフィーは、どうやら苦戦している様子。失敗ばかりで遅々として進まないグーフィーのケーキ作りですが……。

ようやく用意されたケーキを確認したミニーが、ミッキーにそっとつぶやきます。初期の作品から、ミッキーの誕生日はいつもサプライズでお祝い。大事な人をあっと喜ばせようという、ミニーのサービス精神を感じます。

Minnie's word

84

力はみんなにあるんだから、
自分の力を信じないと。

『ミッキーマウスのワンダフルワールド　第18話「消えたミニー」』（2020）

マジックショーを楽しむミッキーとミニー。偉大なマジシャンのイリュージョンに感動し、大満足で劇場を後にします。興奮の余韻冷めやらぬ帰り道、２人の会話も熱を帯びています。いつかマジシャンになりたいと夢を語るミッキー。さっそくミニー相手にマジックを披露します。自信満々にやってみせるミッキーですがマジックは大失敗。自分の描いた大きな夢がきわめて困難なことに愕然として、「僕にはマジックの力がないんだ」と肩を落とします。

落ち込んでうなだれたミッキーに対してミニーが優しく語りかけます。弱気になっているミッキーの背中を優しく押してくれる、思いやりにあふれた言葉です。

私たちもこんな風に、相手が元気になる発言を心掛けたいですよね。

85

ミッキーったら、
私のために
宝物を売ってしまうなんて。

『ミッキーのクリスマスの贈りもの』（1999）

クリスマス・イブに、ひそかに互いへのプレゼントを考えるミッキーとミニー。ところがどうしてもお金が足りません。２人がとった行動とは？

そして迎えたイブの夜。プレゼント交換のシーンです。ミニーはミッキーの宝物であるハーモニカをしまうためのケースを、ミッキーはミニーの宝物である時計を首にかけるための金のチェーンをプレゼントします。自身の宝物を、大切な人へのプレゼントに換えて。

結果として、お互いのプレゼントはその真価を発揮することはできません。でもそのプレゼントには、相手を思いやる心が宿っているのです。そう、世界で一番素敵なのは心を込めた贈り物。

Minnie's word

86

私はあなたのその耳が
大好きなのよ。

『ミッキーマウス！　シーズン5：第5話「僕の帽子」』（2018）

仲良く街を闊歩（かっぽ）するミッキー&フレンズ。ミニーが帽子屋の店先で素敵な帽子を見つけます。すると、それぞれが「この帽子がないと私じゃない」と、自らのトレードマーク自慢を始めます。みんな自分の特徴となる帽子やリボンがあるんですもの。

ただ一人、トレードマークがないことに気付いたミッキー。意地でも似合う帽子を見つけようとしますが……。憔悴しきって自分を見失いそうになるミッキー。でもやがて、自分のトレードマークが耳であることを再発見。そんなミッキーにミニーが頬を寄せて語りかけます。

ミッキーに帽子なんて必要ないことを、みんなは当然わかっていました。あの大きくて丸い耳は、誰にも真似できないトレードマークなんですから。

Minnie's word

87

ミニー「怠け者にはあげないわ、さよなら」

ミッキー「ねえ、庭を掃除するよ」

『ミッキーのつむじ風』（1941）

散歩中に漂う甘い香りに、誘われるがままに歩を進めるミッキー。たどり着いたのはミニーのお家。おいしそうなケーキ作りの真っ最中です。

ケーキを所望するミッキーに対して、ミニーのとげのある言葉に驚かされます。働かざる者食うべからず、といったところでしょうか。ラブラブなイメージがある２人からはちょっと意外なシーンです。

ケーキにありつくために、庭の掃除を申し出るミッキー。最初は順調そうに見えたのですが、丘の上からやってきたのはつむじ風。やりたい放題のつむじ風に、もはや掃除どころではありません。

ようやく完成したケーキを手に、ミニーが庭で目にしたのは……。

Donald's word

88

僕だってやる時はやるぞ。

『ミッキー、ドナルド、グーフィーの三銃士』（2004）

銃士隊長ピートにより、囚われの身となったミッキー。絶体絶命のピンチです。助けに行こうとするグーフィーですが、一方のドナルドは恐怖におびえるばかり。もはや三銃士もここまでかと、あきらめムードが漂います。

そこに突如現れたのは物語のナレーターを務めるカメのトルバドール。高ぶる感情を歌に込め、弱虫で卑怯なドナルドを厳しい言葉で罵るのでした。その熱のこもった訴えに耐えられなくなり憤慨するドナルド。意を決して叫んだのです。

短気で自己中心的なドナルドが仲間のために奮起する印象的なシーンです。トルバドール渾身の叫びが功を奏し、ドナルドの負けず嫌いに火をつけました。

89

お互いを思いやる
優しい心が大切なんだよ。

『ミッキーのクリスマスの贈りもの』（１９９９）

今日は年に一度の最高の日。プレゼントに添えられたクリスマスカードもそっちのけで、遊びに興じるドナルドの甥（おい）っ子たち。毎日がクリスマスだったらいいのに……。

やがてクリスマスに飽きてしまった甥っ子たちは、刺激を求めていたずらを仕込みます。すると楽しいはずのクリスマスはめちゃくちゃに。ドナルドの悲しむ表情を見た彼らは、ようやくあのクリスマスカードを目にするのです。

浮かれ気分のクリスマスでも、忘れてはいけない大事なこと。愛する甥っ子たちに向け、大切なメッセージを託していたのです。普段は短気なドナルドの意外な一面。その想いは、確かに彼らの胸に刻み込まれたようです。

90

僕の力が必要でしょう？

『ミッキーマウスのワンダフルワールド　第20話「終わらないゲーム」』（2020）

週に一度、ミッキーの家で繰り返し開催される「ゲームナイト」。マンネリが続いていましたが、今夜はいつもと何かが違う！　ミッキーの趣向でリニューアルされた新しいゲームは、まさに規格外の大迫力です。

スタート直後はその楽しさに大興奮のミッキー&フレンズでしたが、ゲームはだんだんとエスカレート。もうみんなの体力も限界です。でもこのゲーム、誰かがゴールするまでは終わらない！　1人また1人と脱落していく中、ミッキーをゴールに向かわせるために、ドナルドが自らを犠牲にしてこう叫びます。

いつもは欲深く、自己顕示欲の高いイメージのドナルドも、危機に直面して私利私欲を捨てます。仲間のために、誘惑にも負けないドナルドの心意気を感じる言葉です。

91

ほら、僕のおかげで
無事にふもとだよ。

『ミッキーの移動住宅』（1938）

爽やかな目覚めのミッキー、快晴の朝です。ミッキー、ドナルド、グーフィーの3人が暮らす小ぶりな一軒家。実はこの家、グーフィーの運転する車でけん引する、移動住宅なのです。たくさんの便利な機能をあわせ持つ、自慢のお家です。揺れさえなければ……。

移動中もミッキーお手製の朝食をいただきます、3人で食卓を囲んで。あれ、誰が運転しているの？

そそっかしいグーフィーは、移動住宅のけん引が外れているのも気付かず、のんびり鼻歌交じりで車を進めます。そろそろ目的地かという頃合いで発したグーフィーの一言です。肝心の移動住宅の中は、もう目も当てられないほどですが。終わりよければすべてよし？

Goofy's word

92

キミを裏切るわけないさ。
友達なんだから。

『ミッキー、ドナルド、グーフィーの三銃士』(2004)

ミニー姫を陥れようとする近衛隊長ピートによって、絶体絶命の危機にさらされるミッキー。グーフィーとドナルドがミッキーを見事に助け出した印象的な場面です。さまざまなハプニングの中、３人の心が離ればなれになりつつあった状況で、グーフィーがミッキーに語りかけます。

本当の友情は、たとえ距離が離れ、時間を経ていようとも、変わることはない——そう教えてくれます。

この言葉によって、本当の銃士じゃないからと弱気になりかけていたミッキーは気持ちが強くなり、「３人力を合わせれば、どんなことだってできる！」と誓いを新たにしたのです。

Goofy's word

93

ポテトランドは夢だったけど、
2人の友情は本物だ。

『ミッキーマウス！　シーズン1：第13話「夢のポテトランド」』（2013）

4日間何も食べずに車を走らせるミッキー、ドナルド、グーフィーの3人。目指しているのはグーフィーが夢にまで見たアミューズメントパーク「ポテトランド」です。ついにミッキーたちは、ポテトランドの看板を見つけるのですが……。

夢の叶ったグーフィーは、喜び勇んでポテトランドを満喫しますが、やがてそれがニセモノだと教えられます。自分のはかない夢を叶えるために、ミッキーとドナルドが一晩中寝ないで作り上げたことを知ったグーフィーが発した言葉です。

自分のために、徹夜までして尽くしてくれた友情を目の当たりにし、絆の強さを再確認したグーフィー。夢は叶わずとも、信頼できる仲間さえいれば、それだけでいい。

94

無理に自分を変えようとするより、ありのままでいるほうがいいってね。

『ミッキーマウス！ シーズン2：第12話「恋するグーフィー」』（2015）

ダイナーのウェイトレスに恋をしたグーフィー。でもグーフィーにとっては高嶺(たかね)の花。ミッキーとドナルドはグーフィーの恋を応援することに。

あの手この手でグーフィーのドレスアップに挑戦するのですが、なかなかうまくいきません。力になれず詫(わ)びるミッキーですが、グーフィーは大事なことに気付き、こう言いました。

自分をよく見せようと背伸びしても、それは仮の姿でしかないということ。おしゃれや身だしなみは大切ですが、見栄を張るのはよくないですよね。

ラストでわかる、グーフィーの本当の恋の相手とは……？

Goofy's word

95

最高の相棒と一緒に行くんだよ。

『グーフィー・ムービー／ホリデーは最高!!』（1995）

グーフィーの息子、マックスの高校生活はパッとしないもの。そう、昨日までは。ふがいない自分を変えるため、今日の終業式でひと暴れしようと企んでいます。パフォーマンスは成功したかと思いきや、校長先生から大目玉。

お叱りを受けたグーフィーは、マックスとの絆を深めようと夏休みの親子２人旅を決意します。

明日からの夏休みに期待を膨らますマックス。ところがグーフィーの言葉が彼の運命を大きく変えることになるのでした。

息子のことを「最高の相棒」と表現したグーフィー。マックスを愛してやまない絶大な親心を感じさせます。

96

父さんは
毎年同じものをもらってる
――お前の幸せ。

『ミッキーのクリスマスの贈りもの』（1999）

クリスマスの準備に忙しいグーフィーと息子のマックス。サンタクロースの存在を信じるマックスは、隣人のピートにその存在を否定されてしまいます。

グーフィーは困っている人を喜ばせたい一心でサンタに扮しますが、マックスにばれてしまいます。サンタは実在しないと悟ったマックスですが、今度は落ち込んだグーフィーを喜ばせようと、自らがサンタに扮して……その夜、奇跡が訪れます。

マックスに「父さんにはサンタからのクリスマスプレゼントはなかったのか」と問われたグーフィーの答えは、愛にあふれたものでした。

普段おっちょこちょいなグーフィーの、父として子を想う気持ちにグッときます。優しく父想いのマックスも、同じ願いを抱いているようです。大切なのは、誰かを幸せにしたいという気持ち。

97

脚を折って。
——そういうおまじないなの。

『ポップアップミッキー／すてきなクリスマス「ミニー&デイジー・オン・アイス」』（2004）

ミニーとデイジーがアイススケートで競い合うストーリー。華麗にアイスダンスを舞うスケーターに賛辞を送りつつも、本番前のミニーはうまく滑ることができるか不安でいっぱい。優しく励ましてくれるミッキーに、安堵の息を漏らします。そこへやってきたデイジーは、自作の衣装を身にまとい気合十分。自信満々な姿でミニーにかけた言葉です。

字面だけ見ると「脚を折る（Break a leg）」だなんて、なんとも不吉な言い回しです。ところがこのフレーズ、英語圏では大舞台の前に「頑張って！」や「成功を祈る」という意味で使われている表現なのです。ミニーも一瞬ドキッとしますが、笑顔で応えます。

さあ、親友の２人ですが、リンクの上ではお互いを認め合えるのでしょうか。

98

デイジー
「あたし、間違ってた」

ミニー
「私も間違ってたわ」

『ポップアップミッキー／すてきなクリスマス「ミニー＆デイジー・オン・アイス」』（２００４）

ミニーとデイジーはとても仲のよい友達ですが、どうも様子が違います。

氷上の芸術、フィギュアスケート。スポットライトを浴びながら華麗に銀盤を舞うミニー。観衆を魅了するミニーの姿に、おもしろくないのがデイジーです。ミニーの演技を遮って、自分の魅力をアピールしようと大胆な行動に出ます。こうなるとお互い一歩も譲らぬ氷上のバトルに発展。ミニーは激しく転倒してしまいます。

つまらない意地の張り合いをしていては、せっかくの晴れ舞台も台無しです。自分の過ちを素直に認めて言葉にすることは、決して恥ずべきことではありません。2人はお互いに許し合い、かけがえのない親友であることを再確認するのでした。

職場の人、友達、家族——意固地になってしまっては、何も生まれないのではないでしょうか。素直な心を大切にしたいもの。

Daisy's word

99

最高のジルバだったわ。

『ドナルドのダンス大好き』（1940）

鏡の前で意気揚々とおめかしするドナルド。軽やかなステップで向かうのは、永遠の恋人デイジーのもとです。

いたずら盛りの3人の甥っ子たち、ヒューイ、デューイ、ルーイによる度重なる妨害に、堪忍袋の緒も切れる寸前のドナルド。

なんとか気を取り直してダンスに興じるドナルドとデイジーですが、甥っ子たちがドナルドにポップコーン攻撃を加えると……。

激しく情熱的なダンスに興奮冷めやらぬデイジーは、感激の声を上げました。デイジーを誘おうと奮闘するドナルドが報われた言葉です。甥っ子たちに怒り心頭のはずですが、精根尽き果てフラフラのドナルド。デイジーから熱烈なキスを受け取ります。

100

動物への優しさは大切です。
必ずよい結果が生まれます。

『プルートのなやみ』（1941）

雪深い中を散歩中のプルートが、冷たい川の流れから袋を拾い上げます。中から出てきたのはずぶ濡れ(ぬ)の子猫。プルートは家路を急ぎますが、子猫は健気に後を追います。

新たな訪問者に対して、ミッキーのかわいがりようといったらありません。プルートは子猫に嫉妬の炎を燃やします。すると現れたのは天使と悪魔。悪魔は子猫を排除しろと、天使は仲良くすべしとささやきます。やがて、子猫に絶体絶命のピンチが訪れます。助けるべきか否か。プルートは天使と悪魔のささやきに葛藤します。そして、プルートが起こした行動とは？

プルートの冷えきった体が温まった時、天使はささやくのでした。よき行いにはよき報いがあるもの。小さな命も大事にする気持ちが大切です。

装丁　bookwall
執筆　木村悦子
本文デザイン　原てるみ（mill.inc）
DTP　キャップス
編集　田中早紀（宝島社）

ミッキーマウス
毎日がときめく100の言葉

2023年3月16日　第1刷発行

著　者　ウォルト・ディズニー・ジャパン
発行人　蓮見清一
発行所　株式会社宝島社
〒102-8388　東京都千代田区一番町25番地
電話：営業　03-3234-4621
編集　03-3239-0926
https://tkj.jp
印刷・製本　サンケイ総合印刷株式会社

Printed in Japan
ISBN 978-4-299-03922-4